ück, dann du

Erst ich ein Stück, dann du
Sachgeschichten & Sachwissen

Ulrieke Ruwisch
Pferde & Ponys

Pferde und Ponys

Ulrieke Ruwisch

Mit Illustrationen von Astrid Vohwinkel

cbj ist der Kinder- und Jugendbuchverlag
in der Verlagsgruppe Random House

Verlagsgruppe Random House FSC-DEU-0100
Das für dieses Buch verwendete FSC®-zertifizierte Papier
Profibulk von Sappi liefert IGEPA.

Gesetzt nach den Regeln der Rechtschreibreform

2. Auflage
© 2010 cbj, München

Nach einem Buchkonzept von Patricia Schröder
Umschlagbild und Innenillustrationen: Astrid Vohwinkel
Illustration Serienlogo: Ute Krause
Umschlagkonzeption und Innenlayout: Anette Beckmann, Berlin
hf • Herstellung RF
Satz· dtp im Verlag
Reproduktion: ReproLine Mediateam, München
Druck: Finidr, s.r.o., Český Těšín
ISBN 978-3-570-13950-9
Printed in the Czech Republic

www.cbj-verlag.de

Inhalt

Ein dickes Trostpflaster

Seit Amelie denken kann, ist sie total verrückt nach Pferden. Aber wie lange musste sie darauf warten, bis Mama und Papa ihr den größten, geheimen Wunsch erfüllten. Genau sieben Jahre, zwei Monate und achtundzwanzig Tage!
Eine lange Zeit. Und eine schlimme Zeit dazu. Vor allem weil sich Amelie vor Kurzem von all ihren Freunden, von ihrer Reitlehrerin, von ihrem Schulpferd Schnuppe, von ihrer Schule und von der kleinen Stadt im Norden verabschieden musste.

Amelie musste
mit ihren Eltern umziehen.
In den Süden.
In eine andere Stadt.

Zwar war die Stadt im Süden auch klein, aber dort kannte Amelie niemanden. Nicht einmal den kleinsten Krümel. Alles war ihr fremd.

Und Amelie fürchtete sich ein wenig vor all dem Neu-
en. Vor dem fremden Städtchen, vor den fremden
Menschen, vor den fremden Kindern, vor der neu-
en Schule, ja, sogar vor den neuen Pferden. Deshalb
wollte sie sich zuerst nicht einmal den neuen Reitstall ansehen. Obwohl Mama und Papa ihr eine große
Überraschung versprachen. Ein Trostpflaster. Wegen
des Umzugs. Aber Amelie hatte Angst vor einer neuen
Überraschung. Auch der Umzug war für sie ja überra-
schend gekommen. Und auf diese Überraschung hätte
sie gern verzichtet.
Nur widerwillig und mit einem dicken Kloß im Hals
radelte sie schließlich mit Mama und Papa zum neuen
Reitstall.

„Los, Amelie!", rief Papa,
„trete mal fester in die Pedale.
Sonst wird es Weihnachten,
bis wir am Stall ankommen."

Blödsinn!, dachte Amelie. Bis Weihnachten dauert es
noch lange. Über drei Monate!
Mama lächelte geheimnisvoll.
„Wir haben noch eine wichtige Verabredung. Und
Verabredungen soll man nicht warten lassen. Also,
beeile dich bitte ein bisschen."
Amelie radelte ein klein wenig schneller.
„Da vorn ist der Reitstall!", rief Papa.

Und da sah sie schon den großen Bauernhof mit seinen Ställen, seinem Reitplatz und einer Reithalle. Umgeben war er von zahlreichen Koppeln, auf denen große und kleine Pferde grasten.

Amelie schluckte, bog hinter ihren Eltern auf den Hof ein und stellte ihr Fahrrad ab. Als sie in den Stall gingen, grummelte es in ihrem Bauch. Was würde sie dort erwarten?

Die Stallgasse war leer. Kein Mensch, kein Pferd zu sehen.

„Hier."

Mama und Papa zogen sie zu einer Box. Darin stand ein wunderschönes Shetland-Pony mit großen, braunweißen Fellflecken.

„Darf ich vorstellen", sagte Papa. „Das ist *Hummel*."

Mama lachte über das verdutzte Gesicht ihrer Tochter. „Hummel gehört jetzt dir, Amelie!"

Vor lauter Glück brachte Amelie kein Wort heraus.

„Hummel tröstet dich bestimmt ein wenig über den Umzug hinweg", sagte Papa. „Nicht wahr?"

„Und so hast du auch gleich eine Freundin", sagte Mama.

Amelie schob den Riegel der Box zurück, ging zu Hummel in den Stall und schlang die Arme um den Hals des Ponys.

Hummel brummelte leise
und begann, an Amelies Haaren
zu schnuppern und zu knabbern.
Es war Liebe auf den ersten Blick.

„Danke", sagte Amelie nach einer langen Weile und
umarmte ihre Mama und ihren Papa. „Es ist das tollste
und dickste Trostpflaster, das es gibt."
Papa tätschelte Hummels Bauch.
„Stimmt. Ein bisschen dick ist Hummel schon."

So viel Neues

Die nächsten Tage bringen so viel Neues, dass Amelie davon ganz schwindelig wird. Zum Glück kann der Gedanke an Hummel ihr Karussell im Kopf immer wieder anhalten.

Als sie zum Beispiel mit Mama den Weg zur neuen Schule übt, denkt Amelie nur an die furchterregenden Dinge, die am ersten Schultag passieren könnten. Deswegen verläuft sie sich ständig.

Mama versteht die Welt nicht mehr. Ihre Amelie ist doch nicht auf den Kopf gefallen!

Da stellt sich Amelie schließlich vor, sie reitet mit Hummel zur Schule. Wie Pippi Langstrumpf auf ihrem Pferd „Kleiner Onkel". Und plötzlich wird alles hummelleicht. Der Schulweg ist ihr mit einem Mal so vertraut wie der Weg zum Reitstall. Zu Hummel.

Selbst der erste Schultag, vor dem ihr ziemlich graut, wird durch den Gedanken an Hummel „pippi-einfach".

Es sitzen keine Monster
in ihrer neuen Klasse.
Da gibt es wirklich nette
Mädchen und Jungen,
die sie freundlich aufnehmen.

Im Reitstall findet Amelie durch Hummel ebenfalls
gleich Anschluss. Der Reitlehrer Herr Scheck lobt sie
bereits in der ersten Reitstunde über den grünen Klee,

weil sie mit ihrer Hummel auf Anhieb so gut zurecht-
kommt. Deshalb wird sie von den anderen Mitreitern
neugierig bestaunt.
Ein Mädchen mit kurzen blonden Haaren fragt sie:
„Hast du deine Hummel wirklich erst ein paar Tage?
Das kann ich kaum glauben. Ihr seid wie Dick und
Doof. Ein tolles Team."

Es klingt ein wenig neidisch, aber Amelie ist trotzdem stolz. Hummel und sie gehören zusammen! Und das kann jeder sehen.

Besonders nett ist zu ihr ein schlaksiger Junge mit Namen Jonas. Er will von ihr wissen, wie lange sie schon reitet. Und ob sie in der kleinen Stadt im Norden ein Pflegepferd hatte. Ob sie sich in der kleinen Stadt im Süden bereits etwas eingelebt hat.

„So ein Umzug ist nicht von Pappe. Alles ist einem fremd. Und dazu noch die neue Schule. Ich weiß, wie das ist", sagt Jonas. „Ich war vier Jahre alt, als wir hierher umgezogen sind. Puh, und vor dem neuen Kindergarten hab ich mich ziemlich gefürchtet."

Leider hat er damals kein so dickes Trostpflaster bekommen, erzählt er weiter. Seine Stute *Elfe* schenkten ihm die Eltern erst viel später. Aber er freut sich sehr mit Amelie, dass sie Hummel hat.

„Ihr seid ein Superteam."

Und Jonas ist begeistert,
dass er endlich eine Freundin
gefunden hat, die Pferde
ebenso liebt wie er.

Dabei hat er sie genau angeschaut. Jeden Flecken auf ihrer Reithose und ihrem T-Shirt hat er unter die Lupe genommen und zufrieden genickt. Denn er sieht nicht besser aus. Er putzt und striegelt seine Elfe so emsig, wie Amelie ihre Hummel striegelt. Mit Metall- und Gummistriegel, Kardätsche, weicher Kopfbürste, Wurzelbürste, Mähnenkamm. Und zum Schluss wird ihr Fell mit einem Tuch abgerieben.

Jonas und Amelie sind die Letzten, die ihre Pferde nach der Reitstunde im Hof anbinden und versorgen, denn sie haben Elfe und Hummel lange zum Abkühlen herumgeführt. Jetzt spritzen sie ihre Pferde sorgfältig mit dem Wasserschlauch ab – von den Fesseln hinauf zum Körper.

„Ist Hummel auch so kitzelig unterm Bauch?", fragt
Jonas, während er seine Elfe mit dem Schweißmesser
abzieht und so ihr Fell trocknet.
Amelie wischt sich die Wassertropfen aus dem Gesicht
und von den Armen.

„Nein, das nicht", antwortet sie.
„Aber sie schüttelt sich
nach der Dusche immer
so heftig, dass ich komplett
nass bin. Wahrscheinlich
meint sie, ich hätte
auch ein Bad nötig."

Beide müssen lachen, reiben ihre Lieblinge sorgfältig
trocken, kratzen sorgsam die Hufe aus und fetten sie
ein. Dann sind beide Pferde „bettfertig" und können
in ihre Boxen gebracht werden.
Während Jonas und Amelie ein bisschen schmutzig
und fleckig aussehen, strahlen ihre Pferde Elfe und
Hummel wie Sterne. Und das verbindet.

Von wegen Niete

Während sich Hummel auf der kleinen Koppel ver-
gnügt, mistet Amelie ihren Stall aus. Pferdeapfel um
Pferdeapfel und feuchtes, zertrampeltes Stroh sam-
melt sie mit der Mistgabel auf und wuchtet alles in
die Schubkarre. Als sie die erste Ladung über den Hof
Richtung Misthaufen schiebt, trifft sie Jonas. Zum
Glück.

„He, das ist viel zu schwer
für dich!", ruft er und packt
kurzerhand die Schubkarre.
„Komm, ich helfe dir."

Die letzte Ladung Mist holen sie gemeinsam aus der
Box und Jonas fährt ihn weg. Amelie streut während-
dessen neues Stroh in die Box ein und holt Hummel
von der Koppel.
„So, Hummel", sagt sie und führt ihr Pony in die Box,
„jetzt hast du wieder eine blitzblanke Stube."
Amelie verriegelt die Boxentür und hockt sich dann
auf den Heuballen neben Jonas.

„Puh", stöhnt sie. „Stallausmisten ist wirklich anstren-
gend."
„Ja, Pferde machen viel Mist."
Jonas wischt sich den Schweiß von der Stirn.
„Sogar die Minis."

Amelie nickt.
Sie ist kein bisschen böse
auf Jonas, obwohl er
ihr Pony als „Mini" bezeichnet.
Jonas nimmt sie das nicht übel,
weil sie ihn mag.

Und Jonas mag sie. Dabei ist er schon zwölf Jahre alt und sie wird erst neun. Trotzdem haben sie rasch Freundschaft geschlossen.

„Danke für deine Hilfe beim Ausmisten", sagt Amelie.

„Keine Ursache", nuschelt Jonas. „Freunde helfen sich doch gegenseitig."

Er guckt Löcher in die Luft.

„Schade, dass am Freitag die Reitstunde ausfällt. Ich hatte mich so aufs Springen gefreut."

„Ich mich auch", antwortet Amelie.

Plötzlich sieht Jonas sie nachdenklich an.

„He, wir könnten stattdessen doch ausreiten!"

„Das wäre toll!"

Amelie strahlt ihn an. Dann zieht sie die Nase kraus.

„Aber ob Herr Scheck das erlaubt?"

„Klar! Schließlich reitest du doch wie der Teufel. Das hat er heute in der Stunde selbst gesagt."

„Schon, aber …"

„Ich kann ihn ja fragen", meint Jonas. „Bestimmt hat er nichts dagegen. Ich kenne mich hier im Gelände ja sehr gut aus "

„Super! Und ich …"

Weiter kommt Amelie nicht.

„Na, Jonas, spielst du mal wieder den Babysitter?"

Das sehr große Mädchen
mit den kurzen blonden Haaren
steht mit verschränkten Armen
vor ihm. Es gackert wie ein Huhn,
wenn es lacht.

Jonas schaut kurz hoch.

„Ach, Anne", sagt er kühl, „du bist zwar zwei Jahre älter als Amelie, aber dafür hohl wie eine alte Tanne. Und beim Reiten hast du auch weniger auf der Pfanne!"

„Pah!" Anne wirft Jonas und Amelie einen giftigen Blick zu. „Bei so einem Mini-Dicki kann selbst ein Pfannkuchen mitlaufen. Das hat echt nichts mit Reiten zu tun!"

„Du bist ja nur neidisch", sagt Jonas. „Weil du kein so dickes Trostpflaster zum Schulwechsel bekommen hast."

„Quatsch. Das, was die da …" Anne zeigt mit dem Finger auf Amelie. „… gekriegt hat, ist nicht mal ein Trostpreis. Das ist eine Niete!"

Damit dreht sie sich um und stapft davon.

Amelie ballt die Fäuste und zischt: „Doofe Pute!"

„Unsinn!" Jonas lacht. „Sie ist eine hohle Tanne!"

„Anne ist eine hohle Tanne ohne was auf der Pfanne",
singt Amelie und muss kichern.

„Und eine eingebildete Pute dazu!", sagt Jonas.

„Wie die immer herumstolziert … Als ob ihr der Reitstall gehören würde. Und lästig ist sie wie eine Klette.
Ständig klebt sie an mir dran."

„Ich glaube, sie ist ein bisschen in dich verliebt, Jonas."

Er schaut Amelie mit großen Augen an. Dann winkt
er ab.

„Und wenn schon … Du bist mir doch viel lieber,
Amelie. Du magst Pferde und hast keine Angst davor,
dich beim Putzen schmutzig zu machen. Und mit dir
kann man richtig gut über Pferde reden."

Sie wird ein wenig rot.

„Und von wegen Niete! Hummel ist ein supertolles
Trostpflaster!"

Jonas grinst verschmitzt.

„Wenn auch ein bisschen dick."

Amelie boxt ihn sacht in die Seite.

„He, sag nicht so was! Shetys sind nun einmal von
Natur aus etwas kräftiger gebaut. Eine Diät braucht
Hummel jedenfalls nicht."

„Na, ich meine doch nur im Gegensatz zu dir."

Amelie steht vom Heuballen auf und geht zur Box, in der ihr Pony steht.

„Hummel, du bist das dickste
und weltschönste Trostpflaster,
das es gibt!"
Hummel brummelt.
„Sag ich doch!"

Jonas schlendert die Stallgasse hinunter und bleibt vor dem Stalltor stehen.
„Ich gehe zu meiner Elfe rüber", ruft er Amelie zu.
Seine Stute Elfe hat im Nachbargebäude ihre Box.
„Sie muss unbedingt erfahren, dass wir am Freitag mit unseren dicksten Freunden ausreiten werden. Mit der dicken Hummel und der dünnen Amelie."

Der Tag der Tage

Es ist wie verhext. In den nächsten Tagen verpasst Amelie Jonas am Reitstall jedes Mal um Haaresbreite. Dafür läuft sie jedoch ständig Anne über den Weg. Und die spart nicht mit Gemeinheiten. Das Schlimmste aber ist, dass Amelie nicht weiß, ob es mit dem Ausritt klappen wird. Hat Jonas den Reitlehrer schon gefragt? Ein dicker Felsbrocken fällt ihr vom Herzen, als Jonas endlich anruft und grünes Licht gibt. Alles klar. Herr Scheck, der Reitlehrer, hat nichts gegen einen Ausritt, wenn Amelie in Begleitung ist.
Am Telefon verspricht Jonas Amelies Mama und Papa, gut auf ihre Tochter und Hummel aufzupassen. Amelie fiebert dem Freitag entgegen. Die Tage und Stunden ziehen sich wie Kaugummi.

Bei jeder Mahlzeit redet
Amelie mit Mama und Papa
über den geplanten Ausritt.
Beim Frühstück, beim Mittag-
und beim Abendessen.

24

Amelie erzählt jedem von diesem Tag. Wirklich jedem. Der Oma und dem Opa. Ihren Freunden am Telefon. Sogar dem Müllmann auf der Straße. Der versteht ihre Aufregung aber nicht so richtig. Müllmänner verstehen wohl nichts von Pferden. Dafür wissen sie bestimmt viel über Mülltonnen.

Amelie weiß fast alles über Pferde. Am besten weiß sie natürlich über Hummel Bescheid. Hummel ist schließlich ihr Pony. Das schönste und liebste Pony weit und breit.

Hummel ist ein Shetland-Pony und ein Schecke. So nennt man Pferde, die ein verschiedenfarbiges Fell haben. Shetland-Ponys sind zäh, mutig und stark. Sie können sogar im Winter draußen auf der Weide bleiben. Und sie können doppelt so viel Gewicht ziehen wie die meisten starken Brauereipferde. Außerdem galoppieren und springen sie gerne.

Amelie liebt Hummel über alles. Und Hummel liebt sie.

An der Tür zum Stall ruft Amelie immer: „Hallo, Hummel!"

Und Hummel begrüßt sie dann stets mit Gebrummel. Wenn das keine Liebe ist!

Endlich ist es Freitag. Der Tag der Tage! Zu Mittag kocht Mama extra Spaghetti mit Tomatensoße. Amelies Leibspeise.

„Die beste Stärkung für dein großes Abenteuer", sagt Mama und zwinkert ihrer Tochter zu.

Doch vor Aufregung bekommt Amelie kaum einen Bissen herunter.

Als sie in ihren Reitsachen
an der Haustür steht,
sagt Mama: „Sei bitte
schön vorsichtig, Amelie."
Das saust an Amelies Ohren
nur so vorbei.

Mama umarmt sie und spuckt ihr dreimal über die
Schulter. Das soll Glück bringen.
„Viel Spaß. Und komm heil zurück."
„Ja, ja", murmelt Amelie. „Und danke."
Sie ist sehr froh, als sie endlich auf ihrem Fahrrad
sitzt. Wie der Teufel radelt sie zum Reitstall. In neuer
Rekordzeit.
Atemlos ruft sie an der Stalltür: „Hallo, Hummel!"
Und Hummel antwortet mit Gebrummel. Wie der
Blitz ist sie bei ihrem Pony in der Box, gibt ihr einen
Apfel und klopft ihr den Hals. Hummel kaut genüss-
lich den Apfel und schmatzt laut.
Amelie lacht. Dann holt sie aus der Sattelkammer
das Halfter, den Strick und das Putzzeug. Sie
streift Hummel das Halfter über den Kopf,
hakt den Strick ein und führt sie auf die

Stallgasse. Dort bindet sie Hummel am Anbindering fest. Natürlich macht sie den Panikknoten, der sich im Notfall rasch aufziehen lässt.

„Jetzt mache ich dich schön für unseren allerersten Ausritt", flüstert Amelie ihr ins Ohr. Amelies Wangen glühen. Eifrig striegelt sie Hummels braunweiß geschecktes Fell. Dabei singt sie leise vor sich hin: „Hummel, heute reiten wir aus! Hummel, heute bummeln wir durch die Welt! Mit Jonas und Elfe."
Hummel wendet den großen Kopf seiner Besitzerin zu und schnaubt.
„Hummel, brummel", summt Amelie selig und kämmt vorsichtig Hummels weiße Mähne. Dann kratzt sie ihr die Hufe aus und fettet sie ein. Zufrieden wischt sie sich die schmierigen Hände an ihrer Reithose ab.

„Jetzt bist du wunderschön
für unseren Ausritt, Hummel",
sagt sie und gibt Hummel
einen Kuss auf die weiche Nase.
Hummel stupst sie sacht
mit der Schnauze am Arm
und knabbert an ihrem
blauen T-Shirt herum.

„He, du Dreckspatz!" Amelie wischt sich notdürftig den weißlichen Sabber vom T-Shirt. „Du bist jetzt schön wie eine Prinzessin und ich sehe aus wie Aschen-puttel."

Seufzend räumt sie das Putzzeug weg und holt Zaum-zeug und Sattel.

Sie lächelt vor sich hin. Jonas wird nach dem Putzen von Elfe ähnlich aschenputtelig aussehen. Dafür aber werden Elfe und Hummel wie Prinzessinnen in der Sonne glänzen.

Böse Überraschung

„Hallo, Amelie!", ruft das Mädchen mit den kurzen blonden Haaren vom Scheunentor aus. „Bist du fertig?"
Amelie bleibt wie angewurzelt stehen. Die Trense hängt über ihrer Schulter. Den Sattel trägt sie mit beiden Händen.
Anne. Wie aus dem Ei gepellt. Ohne den kleinsten Fleck auf T-Shirt und Reithose. Sie ist einen Kopf größer als Amelie.
Und ihre Nase trägt Anne noch höher. Sie sitzt immer auf einem „hohen Ross" – selbst wenn sie nicht auf einem Pferd sitzt.
„Ich warte auf Jonas."
Amelie legt Hummel den Sattel am Widerrist auf und schiebt ihn vorsichtig nach hinten in die richtige Lage. Er muss am tiefsten Punkt des Pferderückens liegen, damit er nicht auf die Nierenpartie drückt oder beim Reiten nach vorn oder hinten verrutscht. Und die Satteldecke darf keine Falten werfen.

„Wir reiten heute aus."
Amelie angelt unter Hummels Bauch nach dem Sattelgurt, zieht ihn locker an und schnallt ihn an den Sattelgurtstrupfen.

„Nein." Anne grinst spöttisch.
„Ich reite heute mit dir aus!
Herr Scheck hat mich
darum gebeten. Du darfst ja
nicht alleine ausreiten.
Und Jonas kann nicht.
Elfe lahmt ein bisschen.
Hat in ihrem Stall rumgetobt."

Sie schüttelt missbilligend den Kopf.
„So etwas würde *Blume* nie tun."
Blume heißt Annes Pflegepferd. Es ist eine rassige Trakehner-Fuchsstute mit einer weißen Fellstelle auf der Stirn über den dunklen Augen. Blesse nennt man das. Und diese Blesse sieht aus wie eine Blume. Daher der Name. Und weil Blumes Vater *Baldur* heißt, müssen die Namen seiner Fohlen ebenfalls mit B anfangen.

Deshalb ist die Stute auf den Namen Blume getauft worden.

Blume ist gut und gerne einen halben Meter größer als Hummel. Trotzdem kann Amelie Blume gut leiden.

Anne kann sie allerdings nicht so gut leiden, obwohl die nur einen Kopf größer ist als sie selbst.

„Beeil dich", sagt Anne streng. „Ich warte mit Blume auf dem Hof."

Ärgerlich sieht Amelie ihr nach, wie sie hoch erhobenen Hauptes die Stallgasse verlässt.

„Doofe Pute!", zischt sie leise. Hummel flüstert sie ins Ohr: „Wir lassen uns unseren ersten Ausritt nicht vermiesen. Von der Zicke nicht!"

Vorsichtig trenst sie Hummel auf. Sie legt ihr die Zügel über den Hals, zieht ihr mit einer Hand das Reithalfter über den Kopf, während sie ihr mit der anderen das

Trensengebiss ins Maul schiebt. Sanft streift sie das Genickstück über Hummels kleine spitze Ohren. Dann schließt sie zunächst den Kehlriemen, sodass noch eine Handbreit hindurchpasst. Beim Kinnriemen lässt sie zwei Fingerbreit Spiel. Die Riemen dürfen nicht zu locker und nicht zu eng sein.

„Wir sind die Größten, auch wenn wir kleiner sind." Noch einmal zieht sie den Sattelgurt nach, damit er straff sitzt und der Sattel nicht verrutscht. Sie streichelt Hummels Nasenrücken, nickt entschlossen und setzt ihren Reithelm auf. Dann führt sie ihr Pony hinaus auf den Hof.

Blume mit Stachel

„Na endlich!" Verwirrt guckt Amelie sich um. Gestie-
felt und gespornt reitet Anne auf Blume vom Reitplatz
auf sie zu und beugt sich zu ihr hinunter.
„Kommt ihr Minis jetzt mal in die Hufe?"
Sie gackert wieder wie ein Huhn, das ein goldenes Ei
gelegt hat. Dann verzieht sie das Gesicht.
„O weh, ihr müsst ja schon traben, wenn Blume noch
im Schritt geht …" Sie seufzt. „Hoffentlich macht dein
Stummel …"
„Mein Pony heißt Hummel!", fällt Amelie ihr ins Wort
und sitzt auf.
„… nicht nach hundert Metern schlapp", stichelt Anne
weiter.

„Ich will wenigstens
bis zum Stoppelfeld kommen.
Es gibt nichts Schöneres,
als übers Feld zu galoppieren.
Meinst du, dein Stummel
schafft es bis dahin?"

Blume und Hummel beschnuppern sich. Das ist die Art der Pferde und Ponys, sich freundlich Guten Tag zu sagen.

„Hummel ist mutig und stark", antwortet Amelie bestimmt und klopft Hummel den Hals. „Shetland-Ponys können dreieinhalb Kinder auf ihrem Rücken

tragen. Oder sogar einen dicken Zirkusdirektor. Das
habe ich gelesen."
„Aber Hummeln im Hintern haben diese Minis nicht."
Anne gackert albern. Blume tänzelt nervös.
„Im Gegensatz zu Blume. Die hat Temperament."
Sie nimmt die Zügel auf und guckt Amelie spöttisch
an.
„Na, wenigstens hast du ja eine Hummel unterm Hin-
tern."
„Pfff!", schnauft Amelie.
Warum ist Blume so lieb, denkt sie, und ihre Reite-
rin nur so stachelig? An Blumes Stelle würde sie Anne
einmal abwerfen. Damit Anne merkt, wie tief man von
einem hohen Ross hinunterfallen kann.
„Können wir?", fragt Anne. „Blume wird ungeduldig."

Amelie nickt und gibt Hummel
mit sanftem Schenkeldruck
das Zeichen zum Aufbruch.
Hummel trottet brav los.

„Halt!", ruft Anne. „Ich reite vorneweg. Damit ihr
euch nicht verlauft."

Wieder gackert sie und Blume macht erschreckt einen
Satz nach vorn.
„Brrr, ruhig, Blume."
Wenn Anne weiter so doof rumgackert, nimmt Blume
irgendwann Reißaus, denkt Amelie.

Schritt mit Hindernissen

Im Schritt zockeln die Mädchen auf ihren Pferden vom Hof. Anne auf Blume voran, dahinter Amelie mit Hummel. Sie reiten ein Stück die kleine Straße entlang. „Bleib auf dem Seitenstreifen!", ermahnt Anne Amelie und dreht sich dabei zu ihr um.
Blume tänzelt ein paar Schritte zur Seite. Ihre Hufeisen klappern über den Asphalt.
„Ja, ja", murrt Amelie und klopft Hummel den Hals.
„Oje!", quiekt Anne jetzt. „Vorsicht, Amelie! Da vorn kommt Bauer Horst mit seinem Traktor die Straße entlang! Bleib am besten auf dem Grünstreifen stehen!"
Sie pariert Blume durch und bleibt stehen.
„Brrr, Blume, es ist nur der Horst mit seinem ollen Traktor. Brrr."

Bauer Horst tuckert
mit seinem Traktor
an den Mädchen und
ihren Pferden vorbei.
Blume macht einen kleinen Satz.

„Na, deine Blume sticht wohl der Hafer."

Er lacht und winkt.

Nein, das ist viel eher die stachelige Anne, denkt Amelie und kichert in sich hinein.

Anne sagt nichts. Sie hat genug damit zu tun, Blume zu beruhigen.

„Brrrr, Blume! Der Knatter-Horst ist doch schon weg."

Hummel bummelt über das Gras und schnaubt zufrieden.

Nach etwa fünfzig Metern geht links ein Feldweg von der Straße ab, der durch Wiesen und Felder auf einen lichten Wald zu führt.

„Wir biegen da in den Feldweg ein!", ruft Anne über die Schulter zurück.

Amelie verdreht die Augen. Das weiß sie doch! Schließlich ist sie die Strecke bereits mit ihrem Fahrrad abgefahren und hat Hummel grashalmklein von den Wiesen, den Feldern, dem Birkenwäldchen, dem kleinen Bach und dem Stoppelfeld erzählt.

Blume tänzelt.

„Pass auf, wenn du die Straße überquerst! Damit dein Pony-Zwerg auf dem Asphalt nicht ausrutscht."

Blume trabt kurz an.

Pass du lieber auf,

denkt Amelie.

Du sitzt auf Blume und die

ist wie ein Pulverfass,

das jeden Moment hochgehen

könnte.

„Brrr." Anne nimmt die Zügel kürzer. Aber es hilft nicht.

Tack-tack-tack-tack tänzelt Blume über die Straße.

Amelie dagegen schaut nach links und nach rechts.

„Es kommt kein Auto", erklärt sie Hummel. „Alles frei. Wir können die Straße überqueren."

Der Feldweg ist breit genug, um zu zweit nebeneinander zu reiten. Anne wartet, bis Amelie und Hummel auf ihrer Höhe sind.

„Ich könnte dir glatt auf den Helm spucken", spottet sie und lässt die Zügel wieder lockerer. „So tief unten wie du bist. Aber ich mache es nicht. Keine Angst."

Amelie hat keine Angst. Und Hummel sowieso nicht.

„Mannomann!" Anne schüttelt den Kopf. „Wie kann ein Pferd nur so klein sein und einen derart breiten Rücken haben? Du kriegst sicher bald O-Beine."

Amelies Geduldsfaden ist
kurz vor dem Zerreißen.
Wenn ich hexen könnte,
denkt sie böse,
dann würdest du in hohem Bogen
vom Pferd fliegen!

Hexerei

Amelie liebt Hummel heiß und innig. Für sie ist es das wunderschönste gescheckte Shetlandpony weit und breit. Da kann Anne reden, so viel sie will.

Und Blume ist eine wunderschöne Stute und kann nichts für ihre Reiterin. Denn Anne ist das duseligste Gacker-Mädchen überhaupt.

Hummel zupft sich hier und da einen Grashalm, da und dort ein Zweiglein.

„Nimm die Zügel kürzer",

befiehlt Anne, während sie

durch das Birkenwäldchen

reiten. „Hummel rodet

sonst noch den ganzen Wald."

Sie lacht hell auf und Blumes Ohren spielen nervös von vorn und nach hinten.

„Blume tut so etwas nicht. Sie frisst nur feine Sachen. Weißt du, Blume ist aus einem edlen Geschlecht. Sie kommt aus einem Trakehner-Gestüt."

Amelie schweigt. Hummel rupft ungerührt einen kleinen Zweig.

„Hummel ist im Vergleich zu Blume so pummelig und
unförmig. Wie ein Kuhfladen …"

Anne gackert laut los, sodass Blume erschreckt den
Kopf hochwirft.

„Und wenn sie trabt, dann geht das tack-tack-tack wie
bei einer Nähmaschine. Arme Amelie, du musst dich
dabei fühlen wie eine Maus im Schleudergang."

Ich drehe gleich durch, knurrt Amelie in sich hinein.

„Oder wie der Münchhausen auf seiner Kanonen-
kugel."

„Hex, hex, hex!

Ab ins Gewächs!",

murmelt Amelie.

„Meinst du, wir können trotzdem ein Stückchen traben?"

Amelie nickt.

„Sicher?"

Amelie setzt sich tiefer in den Sattel, gibt leichte Zügel-
und Schenkelhilfen und trabt wortlos an. Und Hummel trottet fröhlich vorwärts.

„Prima!", sagt Anne und danach erst einmal nichts mehr.

Lautes Flügelschlagen ist zu hören. Aus dem Gras am Wegrand flattert etwas auf.

„Das ist nur ein Fasan.
Der tut dir nichts",
erklärt Amelie ihrem Pony
und klopft ihm den Hals.

Blume quietscht und Anne quiekt erschrocken. Dann sieht Amelie nur noch Blumes hochgereckten Schweif und ihre wirbelnden Hufe. Anne hat etwas Schlagseite nach links bekommen, und es sieht so aus, als würde sie aus dem Sattel rutschen.

Es dauert eine kleine Weile, bis Amelie begreift: Blume geht durch! Amelie wird heiß und kalt.

In wildem Galopp rast die Fuchsstute den Waldweg entlang, biegt plötzlich nach rechts ab und jagt übers Stoppelfeld. Anne rutscht immer weiter nach links. Gleich geht Amelies Zauberspruch in Erfüllung. Gleich wird Anne hinunterfallen! Nein, das wollte Amelie nicht. Wirklich nicht!

Wilde Jagd

„Komm, Hummel, Galopp!", raunt Amelie. „Wir müssen Blume stoppen. Anne liegt gleich unten."
In gestrecktem Galopp jagt Hummel los. Amelie beugt sich mit dem Oberkörper weit vor, sodass sie auf Hummels Hals liegt.
Anne rutscht vom Pferd und landet – klatsch – auf dem Stoppelfeld. Blume galoppiert panisch weiter.

„Blume!", ruft Anne ängstlich.
Schon sind Amelie und Hummel
bei ihr.
„Hast du dir wehgetan?"
„Nein."
Anne schüttelt den Kopf.

Ihre blauen Augen sind schreckensweit.
„Aber Blume … Hinter dem Feld liegt die Schnellstraße … Wenn ihr etwas passiert … oder sie auf die Straße rennt … und sie einen Unfall verursacht …"

Da galoppieren Amelie und Hummel bereits Blume
hinterher. Pfeilschnell.
Im Jagdgalopp und mit kurzen, schnellen Wendungen
kreuzen sie wieder und wieder den Weg der Fuchsstute, um sie zum Stehen zu bringen und sie von der

Schnellstraße fernzuhalten. Der reinste Zickzackkurs. Trotzdem kommt Amelie nicht ins Rutschen. Sie sitzt wie angeklebt im Sattel.

Je öfter die beiden Blume den Weg abschneiden, desto langsamer wird die Stute. Endlich fällt sie vom Galopp in den Trab. Eine elegante Linkskehre, eine rasche Rechtskehre. Blume tänzelt nervös hin und her. Ihr Hals ist schweißnass.

„Ruhig, Blume. Alles ist gut", redet Amelie sanft auf das Pferd ein.

Blume schnaubt.
Allmählich fällt sie
in den Schritt und
bleibt schließlich stehen.
Langsam nähern sich
Amelie und Hummel.

„Brav, Blume", sagt Amelie und lenkt Hummel dichter an Blume heran. „Ruhig." Rasch greift Amelie nach Blumes Zügel. „So ist es brav." Sie tätschelt ihr den Hals. „Vor einem Fasan brauchst du dich nicht zu

fürchten. Hummel hat ja auch keine Angst", schnurrt
sie, während sie Blume am Zügel mitführt.
Und Hummel schnaubt, als wolle sie sagen: „Ganz
genau."

Großes Glück

Überglücklich nimmt Anne ihre Stute von Amelie in Empfang.
„He, Blume, das war doch nur ein Fasan.“
Sie klopft und umarmt Blumes Hals.
Blume schnaubt, der Schaum von ihrem Maul fliegt auf Annes T-Shirt. Die weißen Tropfen zieren das rote Shirt wie die Tupfen einen Fliegenpilz. Doch das merkt Anne überhaupt nicht. Sie ist so erleichtert.
„Ich hatte solche Angst um dich, Blume.“ Dann sieht sie zu Amelie hoch. „Das vergesse ich dir nie! Danke.“

Etwas verlegen klopft Amelie
Hummel den Hals.
Vielleicht war ja doch
ihr Zauberspruch schuld …

„Und dir auch nicht, Hummel.“
Anne streichelt Hummels weiche Schnauze und gibt ihr ein Stückchen Zucker.
„Du bist echt eine wilde Hummel. Einfach großartig!“

„Sag ich doch!", freut sich Amelie. „Klein, aber oho!"
Anne lacht.
„Wer auf einem hohen Ross sitzt, kann tief fallen, was?"
„Mhm", macht Amelie und grinst. „Das kann mir nicht
passieren. Weil es von Hummels Rücken bis zum Boden
nicht so tief ist."
„Da hast du Glück", gibt Anne zu.
„Das Glück der Erde …"
„… liegt auf dem Rücken der Pferde", ergänzt Anne
und steigt wieder in den Sattel.

„Und daran ändert ein halber Meter mehr oder weniger gar nichts", fällt Amelie ein.

„Stimmt." Anne guckt nachdenklich zum Boden hinunter. „Fünfzig Zentimeter weiter oben zu sitzen, heißt nicht, doppelt so viel Glück zu haben. Manchmal hat man Pech und fällt dann doppelt so tief." Sie lächelt. „Zum Glück aber habt ihr Minis meine Blume gerettet." Jetzt ähnelt Anne gar nicht mehr einer Pute. Was so eine Landung auf dem Hinterteil und ein bisschen Dreck ausmachen können, wundert sich Amelie.

**Vielleicht ist Anne doch
ganz nett, wenn man sie
besser kennt, überlegt sie.
Vielleicht war sie ja nur
eifersüchtig, weil Jonas lieber
mit mir zusammen sein wollte.**

„Reiten wir weiter?", fragt Anne.
Amelie nickt.
„Kennst du schon den kleinen Baggersee?"
„Nein", antwortet Amelie. „Ich kenne mich hier in der
Gegend noch nicht so besonders gut aus."
„Das können wir ja ändern. Wenn du möchtest, er-
kunden wir gemeinsam die Umgebung", schlägt Anne
vor. „Aber der See ist ohnehin ein kleiner Geheimtipp.
Ich zeig ihn dir."
„Toll!"
Einträchtig reiten die Mädchen weiter. Anne sitzt zwar
immer noch auf der viel größeren Blume und guckt
auf Amelie und Hummel hinunter, aber eben nicht
mehr herab.

Munter schwatzend kehren Amelie und Anne nach zwei Stunden von ihrem Ausritt zurück. Hummel und Blume bummeln an langen Zügeln dicht nebeneinander auf den Hof.
Jonas steht am Waschplatz und kühlt Elfes linke Vor-

derfessel mit Wasser. Er winkt ihnen zu und wundert sich, dass die beiden Mädchen so fröhlich nebeneinander reiten.

„Wie war der Ausritt, Amelie?", fragt er und mustert seine Freundin aufmerksam.

„Supertoll!" Amelie strahlt übers ganze Gesicht, klopft
Hummels Hals und schwingt sich aus dem Sattel.
„Echt?"
„Ja, einfach herrlich!" Anne lässt sich aus Blumes Sattel
gleiten und lächelt ihn an. „Geht's Elfes Bein besser?",
fragt sie ehrlich besorgt.

Jonas nickt und zieht erstaunt
die Augenbrauen hoch.
Anne ist so anders, findet er.
Und das liegt nicht nur
an ihrem fleckigen T-Shirt.

„Ist unterwegs irgendwas passiert?", will er wissen.
Amelie und Anne tauschen einen kurzen Blick.
„Nein, wieso?", fragen beide im Duett.
Der kleine Zwischenfall wird ihr Geheimnis bleiben.
Jonas guckt Amelie und Anne verdutzt an.
„Du, Jonas", sagt Amelie da, „wenn deine Elfe nicht
mehr lahmt, können wir doch zu dritt ausreiten."
„Wenn du willst", nuschelt er ungläubig.
„Dann zeigen wir dir auch unseren Geheimtipp",

verrät Anne. „Oder kennst du vielleicht den kleinen Baggersee schon?"
Jonas schüttelt den Kopf. „Nein", antwortet er. „Und ja, gerne. Ich freu mich darauf!"

Sachwissen

Pferde und Ponys

Unglaublich, aber wahr: Das erste Pferd, das es auf der Erde gab, war nur ganze 40 Zentimeter groß und damit gerade mal kniehoch. Es lebte vor 55 Millionen Jahren. So klein sind heute nicht einmal die Shetland-Ponys, die zu den kleinsten Vertretern der Familie der Pferde gehören. „Hummel", das kleine Pony in unserer Geschichte ist so ein Shetland-Pony. Diese Ponys haben ein Stockmaß von zwischen 80 und 104 Zentimetern. Als Stockmaß bezeichnet man den Abstand vom Bo-

Normal großes Pferd neben Shetland-Pony

den bis zum Widerrist. Wo der Widerrist eines Pferdes ist, sieht man auf der Abbildung auf Seite 66.

Shetland-Ponys stammen von den Shetland-Inseln, die nördlich von Schottland liegen. Da es dort häufig Stürme und starke Regenfälle gibt, entwickelten sich diese Ponys zu sehr robusten, genügsamen und kräftigen Tieren. Sie wurden im 19. Jahrhundert zuerst nach England gebracht, wo sie in der Landwirtschaft und im Bergbau als Lasttiere und Grubenponys eingesetzt wurden. Heute sind die klugen Shetland-Ponys als Reittiere für Kinder sehr beliebt. Sie können bis zu 40 Jahre alt werden.

1 Nüstern
2 Ganasche
3 Fesselgelenk
4 Widerrist
5 Rücken
6 Flanke

7 Kruppe
8 Huf
9 Schweif
10 Unterschenkel
11 Hintermittelfuß
12 Mähne
13 Schweifrübe

Die Verständigung zwischen Pferd und Reiter

Der Reiter nutzt die besonderen Fähigkeiten des Pferdes, um ihm mitzuteilen, was er von ihm will. Die Stimme des Reiters ist nur ein Element der Verständigung. Da der ganze Körper des Pferdes sehr berührungsempfindlich ist, spürt es genau, wie sich der Reiter auf seinem Rücken bewegt und was er mit den Zügeln macht. Durch seine Bewegung gibt der Reiter dem Pferd „Hilfen".

Schenkelhilfen: Mit den Unterschenkeln drückt der Reiter gegen den Pferdebauch, damit es sich vorwärts bewegt.

Gewichtshilfen: Das Pferd spürt genau, wenn der Reiter auf seinem Rücken das Gewicht verlagert. Wenn er seinen Körper nach rechts beugt, geht das Pferd nach rechts.

Kreuzhilfen: Wenn der Reiter den unteren Teil des Rückens, das Kreuz, anspannt, drückt er damit auf die Hinterhand des Pferdes und treibt es vorwärts.

Zügelhilfen: Auch mit den Zügeln gibt der Reiter dem Pferd Zeichen. Verkürzt er die Zügel, hält das Pferd an, denn das Mundstück aus Metall („Gebiss") drückt stärker auf seinen Kieferknochen. Lässt man die Zügel etwas lockerer, lässt der Druck im Maul nach und das Pferd läuft los.

Die große Kunst beim Reiten ist es, dem Pferd gleichzeitig die richtigen und unmissverständlichen Zeichen zu geben, sodass das Tier sie befolgen kann.

Stimme

Zügelhilfen

Kreuzhilfe

Schenkelhilfe

Pferdepflege

Wer nicht viel über Pferdepflege weiß, hat sich vielleicht schon einmal gefragt, warum Reiter ihre Pferde immer auch vor der Reitstunde oder dem Ausritt putzen und nicht erst hinterher. Der Grund ist einfach: Pferde machen sich auch im Stall schmutzig und Stroh- und Schmutzreste könnten unter dem Sattel reiben und Entzündungen oder Druckstellen hervorrufen. Beim Putzen werden außerdem lose Fellhaare entfernt und Parasiten werden entdeckt. Der intensive Kontakt zwischen Pferd und Reiter ist wichtig für die Beziehung.

Beim Putzen arbeitet man von vorne nach hinten, vom Kopf zur Kruppe. Zuerst wird der Schmutz mit einem Striegel aus Gummi oder Kunststoff gelockert und danach mit einer Kardätsche (weiche Bürste) entfernt. Die Kardätsche wird nach jedem Strich an einem Metallstriegel abgestreift. Augen und Nüstern werden mit einem feuchten Schwamm gereinigt. Für die hinteren Körperöffnungen braucht man einen zweiten Schwamm. Die Mähne wird zuerst mit der Hand entwirrt und dann mit einem Mähnenkamm vorsichtig gekämmt. Steinchen und Schmutz in den Hufen entfernt man mit einem Hufkratzer.

Die Sinne der Pferde

Das Gehör von Pferden und Ponys ist sehr fein. Laute und unbekannte Geräusche beunruhigen die Tiere. Das kann – wie in der Geschichte – dazu führen, dass sie durchgehen.

An den Ohren kann man auch die Stimmung eines Pferdes erkennen. Wenn sie ihre Ohren ständig in verschiedene Richtungen drehen, sind sie unruhig, nervös und unsicher. Sind die Ohren aufgestellt und nach vorne gerichtet, ist das Pferd freundlich und neugierig. Einem Tier, das die Ohren nach hinten angelegt hat, sollte man lieber aus dem Weg gehen, denn das ist wütend und könnte mit den Hufen ausschlagen.

Pferde sehen sehr gut. Da ihre Augen seitlich am Kopf platziert sind, sehen sie fast alles ringsum – nur nicht das, was genau vor ihnen und genau hinter ihnen passiert. Um sie nicht zu erschrecken, sollte man sich ihnen immer seitlich nähern und keinesfalls von hinten.

Der Geschmacks- und Geruchssinn eines Pferdes ist gut entwickelt. Deswegen frisst es nicht jedes beliebige Futter. Mit der Nase erkennt es auch die anderen Tiere und Menschen seiner Umgebung.